Títulos de Não-Ficção por Janvier T. Chando

APESAR DELES: A Presidência de Dois Mandatos de Donald Trump
HERÓIS CAÍDOS: Líderes Africanos Cujos Assassinatos…
O EFEITO DE CANÁRIO EM UM MINA CARVÃO:...
CAMARÕES: Sistema de Marionetas Disfuncional da França...
UCRÂNIA: O Cabo de Guerra entre a Rússia e o Ocidente
CAMARÕES: O Coração Assombrado da África

Títulos de Ficção por Janvier Chando

O Usurpador: E Outras Histórias
Agente Triplo, Cruz Dupla
Discípulos da Fortuna
União Muzhik
Flash do Sol
Chamadas da Fortuna
Mestre da Fortuna
Filhos da Fortuna
A Lenda do Fogo e do Gelo
A Loucura Mais Doce
A Menina na Trilha
Eu Antes Deles
As Avós
O Fogo da Fome
As Sombras do Fogo
Pai e Filhos
O Médico
Tons Escuros
Fatal Gravatas
O Veredicto de Hades
O julgamento de Sua Majestade
Loucura de Ngoko
A Usurpadora
O Dote
Eu Sou Odiado
A Criança Irriquieta

Próximos Títulos de Janvier Chando

O Falcão Branco
A Deriva em Casa
Os Amigos Mortais
Os Ursos de Norilsk

I0791989

UMA MORTE EM GENEBRA QUE COLOCA UMA NAÇÃO EM UMA COMA E NA ÁFRICA TRAUMATIZADA: O Assassinato de Félix-Roland Moumié e a Libertação Inacabada de Camarões

Janvier T. Chando

TISI BOOKS

NOVA IORQUE, RALEIGH, LONDRES, AMESTERDÃO

PUBLICADO POR TISI BOOKS

ISBN-13: 978-1-6732-6569-9

ISBN-10: 1-6732-6569-3

PUBLICADO POR TISI BOOKS
www.tisibooks.com

NOVA IORQUE, RALEIGH, LONDRES, AMESTERDÃO

Impresso nos Estados Unidos da América

Reconhecimento

Palavras de agradecimento especiais a Idris Mbebwo Doh, com quem discutimos o legado de Moumie.

Dedicação

Este livro é dedicado a todos os líderes icônicos e lendários cujos propósitos eram servir à humanidade e promover o bem-estar do gênero humano, especialmente aqueles que foram interrompidos em suas missões históricas pelas forças malignas deste mundo.

UMA MORTE EM GENEBRA QUE COLOCA UMA NAÇÃO EM UMA COMA E NA ÁFRICA TRAUMATIZADA: O Assassinato de Félix-Roland Moumié e a Libertação Inacabada de Camarões

CONTEÚDO

Citações

"Se lutamos até a morte contra uma integração arbitrária de nosso país no Império colonial Francês, é porque queremos continuar sendo os defensores conquistadores do direito dos povos à autodeterminação. Estamos, assim, a serviço de Kamerun e da África... somos os verdadeiros artesãos da desanuviamento internacional. Como nacionalistas revolucionários, estamos lutando para realizar para o Kamerun e somente por ele, uma verdadeira "Independência" nacional com "Unificação" como pré-condição, simultânea ou consecutiva, mas nunca excluída."

Ruben Um Nyobè

"Não estamos envolvidos nessa luta apenas porque pensamos que desmontaremos esse sistema no decorrer de nossa vida. Esperamos que os Camarões mudem amanhã. Mas, se não, ficaremos felizes em saber que tornamos o terreno fértil para a próxima geração que terminará a podridão neste país e que estabelecerá os 'NOVOS CAMARÕES'."

Dr. Samuel F. Tchwenko, ex-UPCista e ideólogo chefe do histórico SDF de 1990-2002

"Um povo que está determinado a lutar por liberdade e independência é invencível."

Ruben Um Nyobè

"Camarões não é um país de escravos que ninguém pode libertar."
Janvier Chouteu-Chando

"O inimigo não é quem está de frente para você com uma espada na mão, esse é o oponente. O inimigo é aquele atrás de você com uma faca nas costas.
Thomas Sankara

"... O mundo é abençoado de vez em quando com almas únicas que, embora sobrecarregadas por suas cruzes invisíveis, ainda têm uma força extraordinária para seguir adiante na vida e ajudar os outros ao mesmo tempo. Apesar de suas tribulações, a Maioria de nós pensa que eles estão bem. Mesmo quando o peso de suas cruzes se torna insuportável, mesmo quando eles seguem sem fôlego, ainda temos dificuldade em entender que estão se afogando. De fato, até os condenamos por não sacrificar mais..."
Janvier Chouteu-Chando, "Discípulos da Fortuna"

"A independência política não tem sentido se não for acompanhada por um rápido desenvolvimento econômico e social."
Patrice Lumumba

"A pior coisa que o colonialismo fez foi obscurecer nossa visão de nosso passado."
Barack Obama

"Até que os leões tenham seus próprios historiadores, a história da caça sempre glorificará o caçador."
Chinua Achebe

"Os personagens de nossas outras vidas são fantasmas que a literatura está revivendo".

Olivier Weber

MAPAS

Camarões no Mapa do Mundo

Mapa de Partição da África na Década de 1880

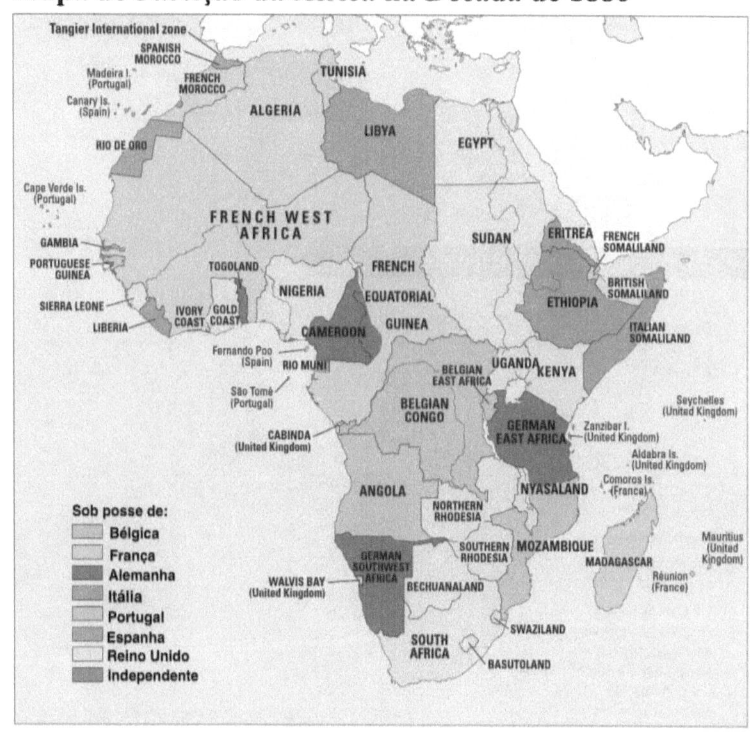

Mapa Político da África

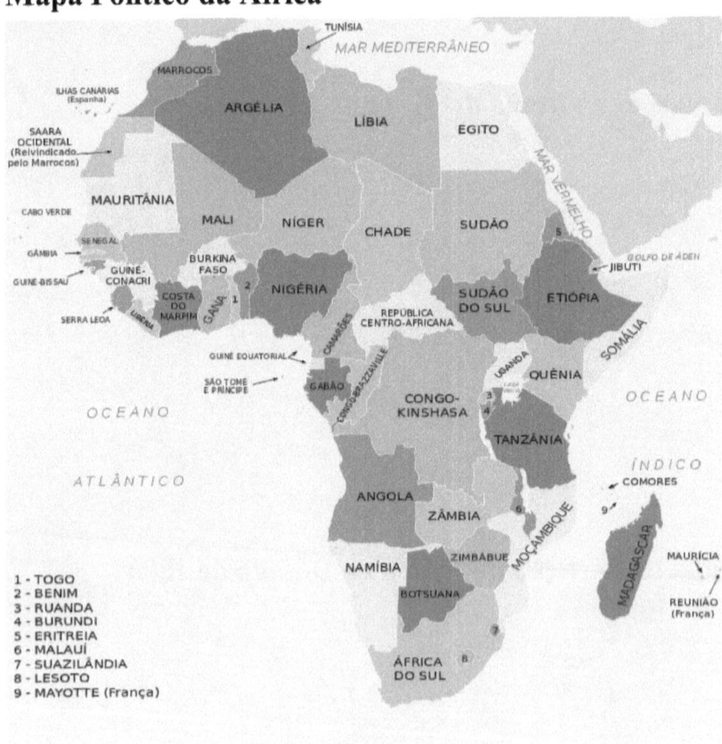

Fuente: *The Global State of Democracy Indices (2019)*, International IDEA

Camarões ao Longo do Tempo

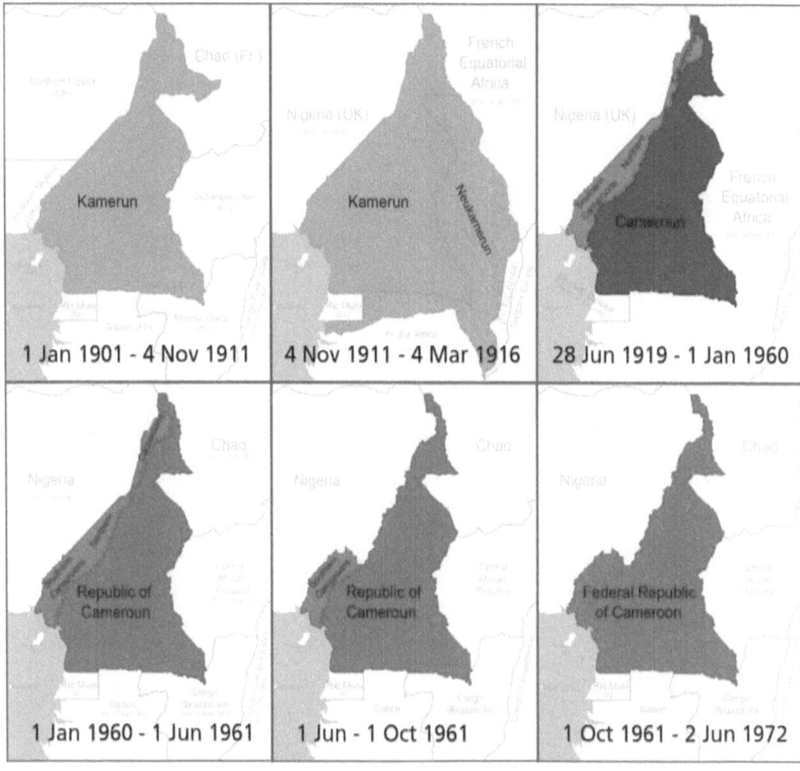

1. Kamerun Alemão (1884-1911)
2. Kamerun Alemão (1911-1916)
3. Camarões Britânicos e Camarões Franceses (1916-1960)
4. Camarões Britânicos e República dos Camarões (1960-1961)
5. Camarões do Sul Britânicos & República dos Camarões (1960-1961)
6. Camarões reunidos / independentes hoje.

INTRODUÇÃO

Na minha busca pela resposta sobre por que certos pontos de inflamação geopolíticos existem no mundo, na tentativa de saber o motivo (s) por que alguns países e o mundo em geral experimentaram mudanças repentinas e dramáticas que levaram à guerra, instabilidade ou reorientação de seus políticas domésticas e políticas externas que não apenas afetaram esses países, mas também influenciaram certas regiões ou o mundo inteiro, explorei assassinatos políticos nas últimas dezenas de décadas que mudaram nosso mundo. Por nosso mundo, quero dizer nossas comunidades, países, regiões e a humanidade como um todo.

Ao tratar os diferentes assassinatos ocorridos ao longo dos anos, usei uma abordagem caracterizada pela sociologia política, onde analisei sucintamente os fatores históricos e sociais que não apenas levaram aos assassinatos, mas que também surgiram com a morte dessas figuras históricas. E a partir desses fatores, somos apresentados a uma ideia ou imagens de como a sociedade afetada evoluiu desde o (s) evento (s) traumático (s).

A partir das contrariedades que se seguiram ao

assassinato de figuras históricas, lendárias ou icônicas, podemos aprender algo útil e criar cenários ou o que esperar como calamidades se líderes específicos forem assassinados e, assim, agir de acordo com a prevenção de seus assassinatos.

Capítulo Um

Félix-Roland Moumié

Félix Moumié

Linha da frente dos líderes da UPC (da esquerda para a direita): Castor Osendé Afana, Abel Kingué, Ruben Um Nyobé, Félix Moumie e Ernest Ouandié

Nascido em 1926, Félix-Roland Moumié era um líder camaronês anticolonialista e pan-Áfricanista. Seu assassinato em Genebra, em 3 de Novembro de 1960, por William Bechtel, do SDECE (Serviço Secreto Francês) com tálio, é considerado o crime mais descarado cometido pelo serviço secreto Francês no exterior, e talvez o Maior golpe sofrido pelos nacionalistas cívicos dos Camarões lutando pela libertação da terra do controle neocolonial Francês.

O Dr. Felix-Roland Moumié foi o chefe da UPC (*Union des Populations du Cameroun*, também chamado *Union du Peuple Camerounais* — "União das Populações dos Camarões") de 1958 a 1960. A UPC foi o primeiro partido político histórico a emergir dos territórios da antiga colônia alemã de Kamerun. Fundada em 1948, a UPC operava nos Camarões Franceses e nos Camarões Britânicos — que eram territórios de confiança das Nações Unidas que surgiram do antigo Kamerun Alemão de 1884-1916 após sua divisão entre a Grã-Bretanha e a França, conforme acordado no Tratado de Versalhes em 28 de Junho de 1919 — o mais importante dos tratados de paz que encerraram a Primeira Guerra Mundial, formalizando o fim do estado de guerra entre a Alemanha e as Potências Aliadas. O objetivo principal do partido era a reunificação e independência dos Camarões Britânicos e Camarões Franceses— Territórios de Confiança que foram os sucessores dos mandatos da Liga das Nações, e que surgiram quando a Liga das Nações deixou de existir em 1946, e substituiu-o pela Organização das Nações Unidas.

O mapa de Partição da África: 1884-1914

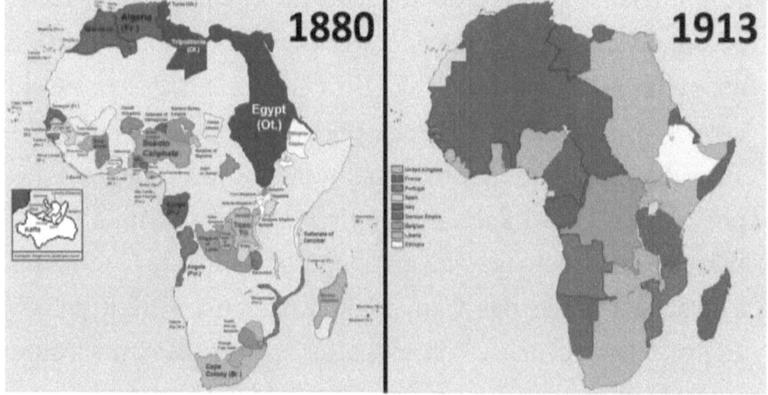

Capítulo Dois

A administração da tutela francesa proibiu a UPC em 1955, acusando a de fomentar agitação civil, forçando o partido ao exílio no verão de 1955. No entanto, a UPC ressurgiu em 1956 e desafiou a França pela mídia internacional. As autoridades coloniais britânicas também proibiram a UPC nos Camarões Britânicos em 1958, forçando assim a Maior parte de sua liderança que escapou dos Camarões Franceses e buscou refúgio nos Camarões Britânicos, a fugir para o Egito, Gana, China e outros países que apoiavam a causa camaronesa pela sua reunificação e independência.

Ruben Um Nyobé, líder do partido e Secretário Geral; Ernest Ouandié e Abel Kingué, os dois vice-presidentes do partido; e Felix Moumié comprometeram-se a continuar a luta pela reunificação e independência dos Camarões Franceses e dos Camarões Britânicos, apesar da determinação da França de dividir e governar os povos do antigo Kamerun Alemão. Afinal, a UPC comandou o apoio da Maioria do povo dos Camarões Franceses, e seus descendentes e partidos irmãos nos Camarões Britânicos comandaram o apoio do eleitorado lá. De fato, mais de 80% dos Camarões instruídos apoiaram o partido e sua causa para a reunificação e independência das terras do ex-Kamerun Alemão.

No entanto, o partido recebeu seu primeiro grande trauma quando três anos após a proibição, em um momento em que alguns especialistas começaram a pensar que a França permitiria que o partido voltasse a operar como uma entidade política legal, as forças de segurança da administração Francesa assassinaram o primeiro líder histórico da UPC, Ruben Um Nyobé, em 13 de Setembro de 1958, perto de sua cidade natal, Boumnyebel, na terra Bassa.

Capítulo Três

Assim, quando o Dr. Felix-Roland Moumié sucedeu a Ruben Um Nyobé, ele foi forçado a operar no exílio, mesmo que a UPC fosse a única parte nos Camarões Franceses que desfrutava do apoio esmagador dos camaroneses Franceses, e mesmo sendo o único partido político na parte do ex-Kamerun Alemão que compartilhou um programa semelhante com partidos irmãos ou ramificações nos Camarões Britânicos. Implacável, ele desafiou a repressão da França à UPC de uma maneira mais determinada, para que os partidários da UPC controlassem grande parte do interior da metade sul dos Camarões Franceses antes que a França entregasse o controle político ou a soberania dos Camarões Franceses a seu boneco Ahmadou Ahidjo, declarou o terras independentes em 01 de Janeiro de 1960 e, ao mesmo tempo, concluiu uma série de acordos socioeconômicos, políticos e militares com o estado infantil que praticamente o tornaram um quintal da França.

O Corpo de Félix Moumié é levado para a Guiné para Sepultamento

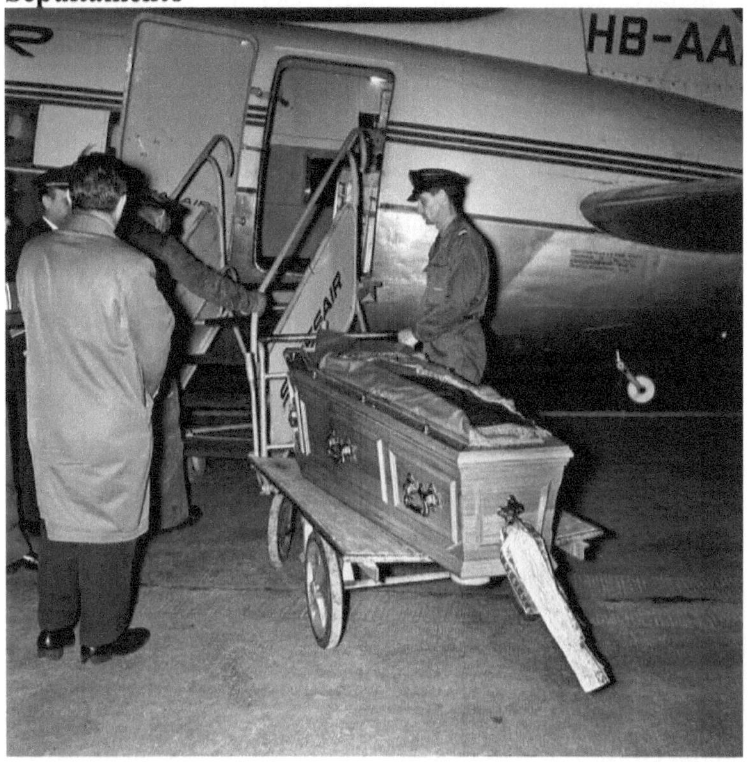

Considerado por alguns como o "Che Guevara Áfricano em formação", Félix Moumié era um líder astuto e também um grande organizador que antes de sua morte havia se encontrado naquele verão de 1960 com Ernesto Che Guevara, o revolucionário internacional Argentino e segundo colocado comando no novo governo anti-

Americano e anti-ocidental da Cuba de Fidel Castro. Além desse desenvolvimento, o líder partidário camaronês havia desenvolvido com sucesso um relacionamento especial com o belicoso presidente Egípcio Gamal Abdel Nasser, o presidente pan-Áfricanista de Gana Kwame Nkrumah, a inabalável Patrice Lumumba do Congo-Kinshasa (o antigo Congo Belga), e o teimoso chefe de estado nacionalista Guineense Sékou Touré, que desafiou a França e tirou a Guiné das garras neocoloniais de seu antigo mestre colonial.

Muitos especialistas acham que a França e seus aliados da Guerra Fria temiam o impulso do novo líder da UPC em estabelecer relacionamentos fortes com alguns dos outros líderes do bloco comunista que esperavam ver a África emergir um dia como um continente economicamente unido e politicamente integrado. O fato de esses líderes terem prometido aumentar seu apoio ao grupo partidário da UPC agora liderado por Moumie, deixou a França e Ahmadou Ahidjo extremamente nervosos.

O segundo líder exilado do movimento cívico-nacionalista dos Camarões estava em missão na Europa em Outubro de 1960, quando William Bechtel o convidou para jantar em um hotel em Genebra, na Suíça, posando como jornalista. De fato, ele era membro do "*Main Rouge*", uma ramificação de uma unidade especial do serviço secreto Francês encarregada de eliminar nacionalistas Áfricanos anti-Franceses e pró-independência e seus apoiadores na Europa.

Distraído por uma convocação ao telefone por uma equipe do restaurante, Moumié deixou sua bebida inacabada que Bechtel contaminou ao derramar uma dose letal de tálio nela. Mas Moumié não o bebeu ao voltar. Então, Bechtel criou outra distração, durante a qual ele derramou outra dose de tálio no vinho de Moumié. Moumié acabou engolindo as duas bebidas e morreu em um hospital de Genebra em 3 de Novembro de 1960, dias antes de seu retorno à Guiné, e muito antes do que seus assassinos haviam planejado. O fato de o líder de libertação camaronês ter tomado uma overdose do veneno frustrou a trama que a França planejou culpar a morte de Felix Moumié no presidente da Guiné Sekou Touré, que estava agindo como anfitrião do líder da UPC durante seu exílio na capital Guineense de Conacri.

Capítulo Quatro

O assassinato de Félix Moumié seria seguido três meses depois pelo horrendo assassinato de Patrice Lumumba do antigo Congo Belga. A morte desses dois nacionalistas cívicos Áfricanos com uma visão pan-Áfricanista seria seguida por uma repressão sangrenta da resistência popular aos regimes neocoloniais em seus respectivos países.

Com a execução do sucessor de Félix Moumié, Ernest Ouandie, em Janeiro de 1971, a contra-ofensiva neocolonial contra os movimentos anticolonialistas no coração da África terminaria, significando vitória para as forças neocoloniais. Essa nova realidade teria conseqüências desastrosas não apenas na região da África Central, mas em toda a África. A África subsaariana francófona não se atreve a se opor ao neocolonialismo Francês desde a derrota do nacionalismo cívico camaronês e a imposição da França de um sistema de controle tipo máfia sobre suas antigas colônias que utiliza bonecos Franceses que não prestam contas ao seu povo.

Mapa da Partição da África: 1884-1914

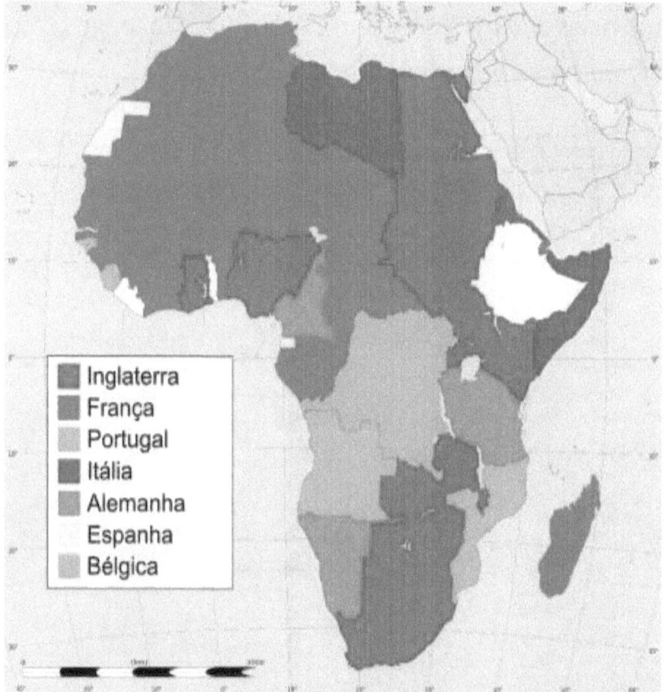

A morte de Félix Moumié, a retenção da proibição francesa à UPC, a expulsão da UPC em 1958 dos Camarões Britânicos e o retorno ao poder na França da lenda francesa e do general neocolonialista Charles De Gaulle fez a realização o sonho Kameruniano de reunificação, independência e desenvolvimento parecem impossíveis. No entanto, ramificações da UPC nos Camarões Britânicos e dos nacionalistas cívicos dos Camarões no sul dos Camarões Britânicos realizaram o sonho de reunificação ao defenderem a campanha no referendo patrocinado pelas Nações Unidas pela votação para reunir os Camarões do Sul Britânicos com a República de Camarões de um ano de idade, o antigo Camarões Francês que obteve sua independência em 01 de Janeiro de 1960 sob o governo anti-UPC do boneco Francês Ahmadou Ahidjo.

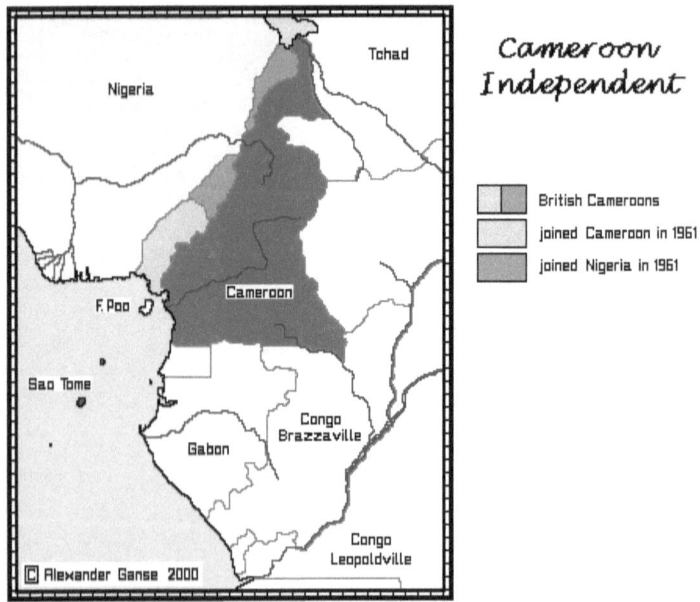

British Cameroons= Camarões Britânicos
Joined Cameroun in 1961= Juntou-se à República dos Camarões — ex-Camarões Franceses — em 1961 (Reunificação)
Joined Nigeria in 1961= Ingressou na Nigéria em 1961

11-12 de Fevereiro de 1961 - Camarões Britânicos - Plebiscito
Pontos principais: Os eleitores foram questionados se desejavam se unir
à Nigéria ou aos Camarões quando a independência fosse concedida às
duas regiões.

Camarões do Norte Britânico

Eleitores Registado	292,985
Total de votos (participação eleitoral)	Não Disponível (NÃO APLICADO)
Votos inválidos / em branco	Não Disponível
Total de votos válidos	243,955

Camarões do Sul Britânicos

Eleitores Registado	349,652
Total de votos (participação eleitoral)	Não Disponível (NÃO APLICADO)
Votos inválidos / em branco	Não Disponível
Total de votos válidos	331,312

Results	Camarões do Norte		Camarões do Sul	
	Número de Votos	**% de votos**	**Número de Votos**	**% de votos**
União com a Federação da Nigéria	146,296	59.97%	97,741	29.50%
União com a República dos Camarões	97,659	40.03%	233,571	70.50%

De fato, apesar de armada inferiormente, a UPC liderou
uma efetiva campanha de guerrilha que, no final de 1959,
limitou o controle Francês completo no sul do país apenas
às cidades e vilas, deixando as aldeias e os campos sob o
controle da UPC. E como o Acordo de Tutela da ONU
estabeleceu um limite para o número de tropas que o
Exército Francês poderia ter no território, a França decidiu
precipitar a concessão de independência aos Camarões
Franceses. No entanto, a França concedeu a independência
aos Camarões Franceses em 1º de Janeiro de 1960 sob seu

boneco Ahmadou Ahidjo, e ao mesmo tempo obrigou Ahidjo a assinar um pacto secreto com a França, um acordo com componentes econômicos, políticos e militares que, entre outras coisas, permitiam à França multiplicar o número de tropas francesas que havia estacionado no antigo Camarões Franceses, chamada República dos Camarões a partir de então. O exército Francês reforçaria sua presença na terra, aumentando o número de soldados e equipamentos lá e acelerando o recrutamento e o treinamento de um exército camaronês local liderado pela França. Esses exércitos Franco-camaroneses derrotariam os insurgentes em suas principais fortalezas na terra Bassa em 1960 e na terra Bamileke de 1962-1964, infligindo pesadas perdas à UPC e às populações civis através de seu bombardeio indiscriminado tanto da guerrilha campos e comunidades civis, uma política de terra arrasada em si que alguns historiadores e vários especialistas consideram um genocídio liderado pela França contra certas forças e populações de áreas dos Camarões que se opõem aos planos neocolonialistas da França para os Camarões.

A UPC percebeu em 1965 que não podia mais vencer o conflito armado contra o exército Francês e o exército camaronês que a França criado para o regime de marionetes Ahmadou Ahidjo. Esforços prevaricados para alcançar a paz por meio de negociações de paz atrairiam o sucessor de Felix Moumié, Ernest Ouandie, para fora do mato, levando à sua rendição / captura e depois à execução em Janeiro de 1971, encerrando assim a luta armada da UPC contra a França pela reunificação, independência e liberdade para los territórios do ex-Kamerun Alemão, um conflito que resultou na morte de mais de meio milhão de Camaronês vive no que alguns especialistas consideram "Libertação Inacabada dos Camarões", porque aqueles que fizeram campanha e lutaram pela reunificação e independência de Camarões e seus herdeiros foram impedidos de poder no país desde então.

Capítulo Cinco

Camaronês da parte de língua inglesa dos Camarões reunidos logo perceberam que haviam sido enganados e subjugados pela França e seu fantoche, como as populações derrotadas e subjugadas da parte de língua francesa do país, e que eles também estavam agora sob a jugo sufocante de um sistema imposto pela França, administrado pela ditadura do boneco Francês Ahmadou Ahidjo. Paul Biya, outra marionete francesa e sucessora de Ahmadou Ahidjo, como resultado de ordens da França, está no poder desde 1982 e exacerbou ainda mais a asfixia dos Camarões. Quase sessenta anos depois, os Camarões ainda estão sob o controle das forças anti-UPC que a França colocou no poder — são os camaroneses que não tiveram nenhum papel, seja como moderados ou radicais, na luta nacionalista pela reunificação e independência da terra. De fato, a França ajudou suas marionetes a estabelecer um estado policial para impor seu governo, o que explica por que Camarões nunca experimentou o governo sob um chefe de estado que é ou foi a escolha do povo.

A máfia continua. O país que personifica o espírito ousado da África ainda está nas garras das forças que eram contra sua busca por libertação, desenvolvimento e parceria com outras forças progressistas do mundo.

Os assassinatos de Ruben Um Nyobé, Félix Moumié, Patrice Lumumba, Castor Osendé Afana, Ernest Ouandie e dezenas de milhares de nacionalistas cívicos e camaroneses foram afinal uma campanha bem-sucedida das potências neocoloniais para destruir o genuíno desenvolvimento independente da África, porque a derrota do os movimentos anticoloniais nesses países enfraqueceram o impulso pan-Áfricanista de criar uma união econômica Áfricana e de integrar politicamente o continente. Apesar de qualquer indicação ou expectativa em contrário, os Camarões de Nyobe / Moumié / Ouandie que nunca foram realizados, e o Congo de Lumumba que não conseguiu, teriam sido no centro geográfico, econômico e político da União Áfricana, que ainda é a visão de muitos Áfricanos progressistas que esperam ver o continente garantir um lugar de respeito por si mesmo no crescente mundo multipolar.

Hoje, o sarcófago de Félix Moumié ainda está faltando em seu local de descanso no cemitério de Conakry, na Guiné. Albert Kingue ainda está enterrado no Cairo, Egito. Ruben Um Nyobé, Ernest Ouandie, Castor Osendé Afana e os outros líderes da UPC mortos pelas forças Franco-Ahidjo são pouco reconhecidos, muito menos homenageados nos anais da história camaronesa, apesar de seus nomes enfeitarem ruas e infra-estruturas em outros países da África e do mundo.

Seis décadas depois, os Camaroneses que se levantam

para desafiar o estado da máfia ainda veem Felix-Roland Moumié e os outros líderes históricos nacionalistas da União que foram mortos, exilados ou minados pela França e pelos fantoches que ele impôs ao país, como forças para imitar na tentativa de desmantelar o sistema imposto pela França ao povo camaronês contra seus interesses e seu bem-estar. O sistema e seu estabelecimento político autoritário é liderado por Paul Biya hoje, um fantoche imposto pela França ao povo dos Camarões. O segundo presidente camaronês está no poder há quarenta e sete anos (trinta e sete anos como presidente ou chefe de estado desde 1982, e dez anos como primeiro-ministro do único país da África em que seu chefe de estado nunca foi a escolha do pessoas, mas sim uma imposição de neocolonialistas).

Índice de Democracia: África e o Mundo

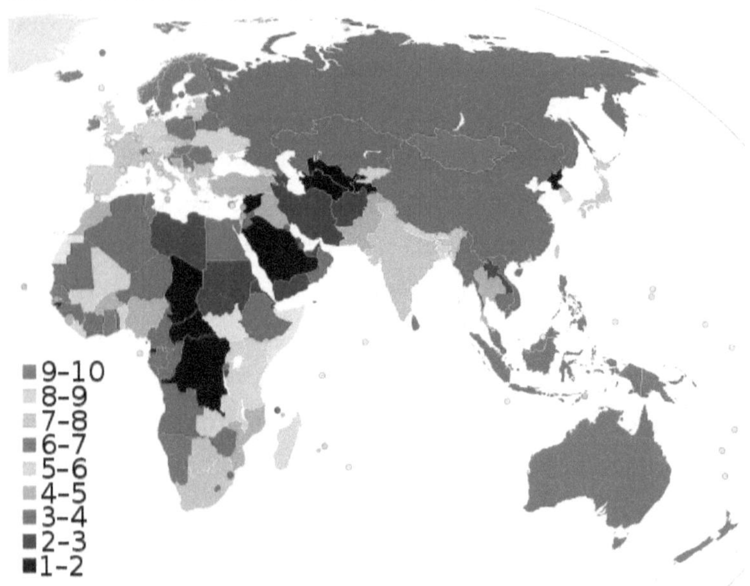

Índice de Democracia: África e o Mundo

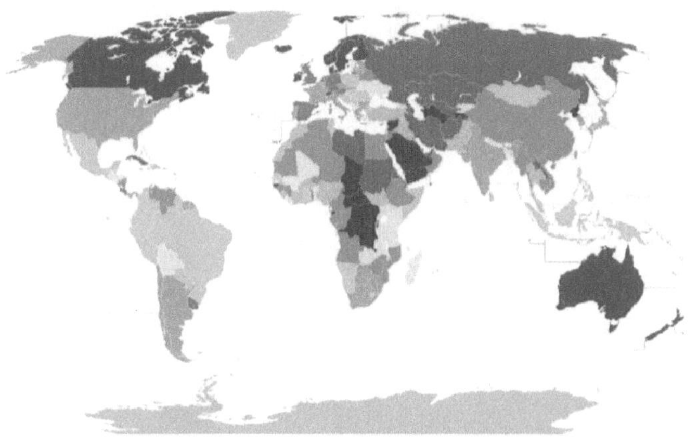

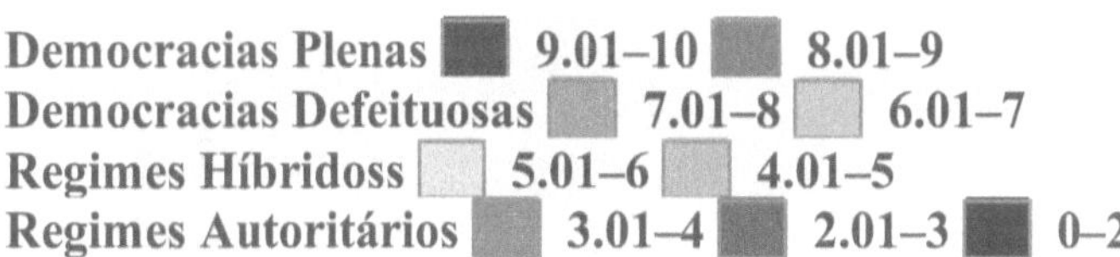

Mapa Político da África

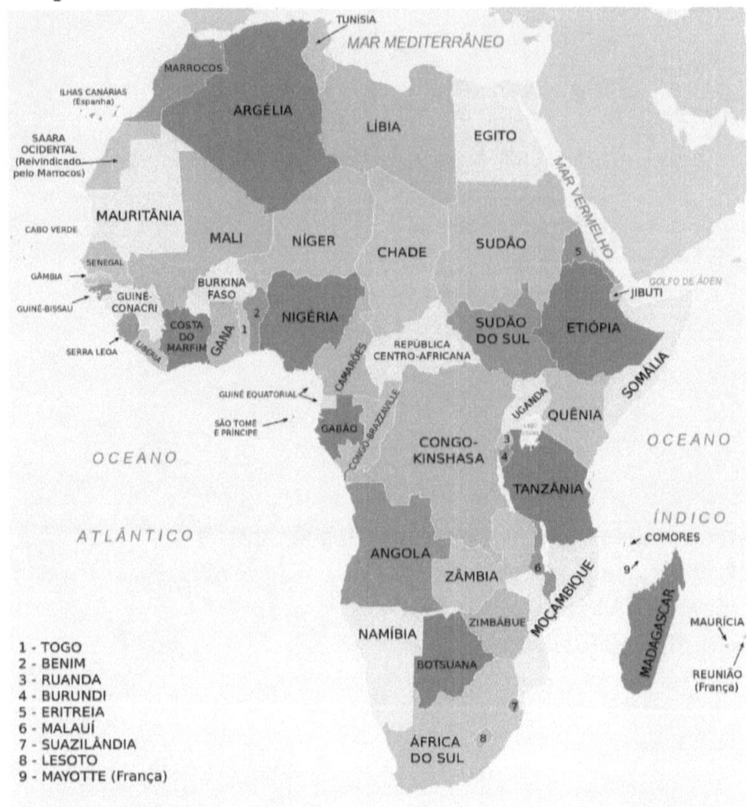

1 - TOGO
2 - BENIM
3 - RUANDA
4 - BURUNDI
5 - ERITREIA
6 - MALAUÍ
7 - SUAZILÂNDIA
8 - LESOTO
9 - MAYOTTE (França)